U0893045

世图心理

博客：http://blog.sina.com.cn/bwpcpsy
微博：http://weibo.com/wpcpsy

沉思冥想

[美] 维吉尼亚·萨提亚（Virginia Satir）著
约翰·贝曼（John Banmen） 简·格伯（Jane Gerber）编
王境之 区泽光 林沈明莹 译

世界图书出版公司
北京·广州·上海·西安

图书在版编目（CIP）数据

沉思冥想 / (美) 维吉尼亚·萨提亚著；约翰·贝曼，简·格伯编；王境之，区泽光，林沈明莹译．—北京：世界图书出版公司北京公司，2014.9（2020.5 重印）
书名原文：Meditations and Inspirations
ISBN 978-7-5100-8093-7

Ⅰ.①沉… Ⅱ.①萨… ②贝… ③格… ④王… ⑤区… ⑥林… Ⅲ.①心灵修养—心理学 Ⅳ.①B849

中国版本图书馆CIP数据核字（2014）第123047号

沉思冥想

著　　者：[美] 维吉尼亚·萨提亚（Virginia Satir）
编　　写：约翰·贝曼（John Banmen）简·格伯（Jane Gerber）
译　　者：王境之　区泽光　林沈明莹
责任编辑：于　彬
装帧设计：刘　岩
插　　图：徐寅虎

出　　版：世界图书出版公司北京公司
出 版 人：张跃明
发　　行：世界图书出版公司北京公司
销　　售：全国新华书店
印　　刷：河北鑫彩博图印刷有限公司

开　　本：787 mm×1092 mm　1/32
印　　张：3.5
字　　数：100千
版　　次：2014年9月第1版　2020年5月第8次印刷
版权登记：01-2013-5096

ISBN 978-7-5100-8093-7　　定价：28.00元

让幸福的能量永驻

——"萨提亚生命能量之书"系列缘起

从引进第一本萨提亚的图书至今，萨提亚这个名字已经在中国大地上被广为传颂。为什么？因为有太多太多的个人因着她的理论、她的智慧而重获心灵的自由和身心的成长，太多太多的家庭因着她的洞见与分享让爱重新流动，让和谐幸福满溢。

第一批引入的图书《新家庭如何塑造人》《萨提亚家庭治疗模式》《萨提亚治疗实录》已经将萨提亚的理论框架和治疗方法与过程阐述得非常清晰，在此基础之上，我们又精心推出了这套"萨提亚生命能量之书"系列，让大师的身心能量再次被传导，使理智与感性交融，认知与体验并生，使读者在此书系细腻、亲切的引导中，与自己的心灵约会，与家庭的问题和解，追寻人生的幸福与喜悦。

如果你是熟悉萨提亚家庭能量的读者，那么你一定很快就被这套书所吸引，因为它在家庭理论之外，会带给你一场更加直接的幸福体验；如果你原本并不熟知萨提亚的家庭能量秘密，它也同样可以为你打开一扇通向宁静的内心之窗，让幸福之光照入你的心灵，永驻于生命之中。

文 / 于彬

序一

维吉尼亚·萨提亚（1916—1988）是真正“家庭治疗”的先驱。当她还是一名年轻教师时，就致力于帮助整个家庭而非单个学生解决问题。她拿到芝加哥大学社会工作专业的硕士学位后，更专注于整个家庭的工作。不同于当时心理治疗领域所流行的对“个体”的关注，萨提亚开创了“家庭治疗”的先河。二十世纪九十年代中期，一项重要的研究评价她为“本世纪最具影响力的治疗师”之第五位，与荣格和罗杰斯比肩。她也是西方世界享有最高荣誉的十位治疗师中唯一的女性。

如今，萨提亚的学识（即“萨提亚模式”）在中国广为流传。她的理论思想虽然看起来简单，却十分有效且内涵丰富。例如，萨提亚教导我们，我们都是同一宇宙生命空间中独一无二的存在，我们在同一时刻既是独特的又是无差别的；从本质上讲我们都是积极向上的能量体，并拥有管理自身生命发展的全部内在资源；我们都具有高自尊，能够对自己的人生负责，同时能够与自我以及我们生活的外部世界和谐共处。

和中国人一样，萨提亚认同“三代家庭”模式的重要性。在这样的家庭中，孩子可以通过父辈言传身教的爱、接纳与关照去学习和经历自身的内在成长，父母也因被激励成为孩子的榜样而具有高度的责任感与自尊。

像中医一样，萨提亚将其系统思维带入治疗方法之中，以帮助人们变得更健康、更快乐和更成功。家庭是我们成长和治愈伤痛的主要系统，亦是我们情绪问题的主要来源。

萨提亚是世界性的导师，实践着她的所言所行，且知识渊博。除了她的理论著作，她出版了这四本书以帮助那些想要更好地认识与管理自我、与他人建立联结的人。萨提亚坚信，人都是有价值的，并且能够照顾好自己。她有一套与人联结并鼓励他们照顾好自己的独特关怀方式。这四本书各自有着特殊的价值，能够帮到那些相信自己值得过得幸福的人们。所以，在中国文化背景下，这四本书所传达的信息对读者大有裨益。

例如，冥想时，萨提亚通过教导人们反思自己的内在进程、感受自己的生命能量来让自己获得内在的平静，并聚焦于新的、积极的可能性。《沉思冥想》中这些简短的言语冥想和激励可以帮助读者进行自我觉察，主导自己的内在世界。它们能帮助我们更好地准备自己、迎接未来，可以作为晨起的习惯帮助我们清理思绪、迎接工作。书中所见的绝大部分冥想方法，都是萨提亚在培训的开始和结束时会用到的。我建议读者在快速阅读完该书后，再从头品味一遍，每天早晨从中选出一到两种冥想方法，花几分钟时间去思味其中所传递的信息。

《尊重自己》中“我就是我”这首诗美妙地表达了对每个生命的独特性的赞美和欣赏，它意指所有关于你的一切，包括你的身体、你的思想、你的感受，你的成功与失败。即使你不了解自己的全部，也要爱自己。接受那些适合自己的，抛弃那些不再适合自己的。我希望你们能经常读读这首诗，逐渐内化它所蕴含的意义。对“我是谁”的认识越深入，我们就越能与自己和他人和谐相处。

《心的面貌》是将自己看成由不同部分组成的一个完整个体。其中包括我们喜欢的部分，我们不喜欢的部分，我们将之隐藏的部分，以及我们想要展示的部分。随着你对自己的认识越来越深入，你会发现，这些不同的部分之间会时有冲突。此时，不要在冲突中驻足，再深入挖掘每一部分，找出其中那些好的意图和积极的渴望。每一部分都是在表达你自己，或是邀请你让生命变得更有意义、更加均衡。仔细倾听。早期的信息并不总是很清晰，每一部分所传达的意义都可能成为有价值的问题。

在《与人联结》中，萨提亚强调了个体层面人际交往的必要性。人与人之间的联结应该是真诚的，是开放的，是健康的。她始终信仰直接、坦诚的人际关系。我发现，中国人在谈论商业议程以前，会通过各种社会交往方式先与陌生的对方取得联系、增进了解，这也是萨提亚非常认同的。与真实的自我相联结，与自我的深层渴望相联结，并对这一渴望做出回应，是她工作的深层目的。她一直致力于此。虽然身处多重关系和角色中，我们依然是独一无二的个体。与自我联结、与他人和谐共处，就是我们生命的一部分。

我很开心为大家推荐这四本书，这十年间，我在中国的多次教学经验让我相信，这四本书对于那些寻求更深入的自我了解、内在平静与和谐的人，以及寻求人际和谐的人，甚至我们所有人而言，都是十分及时的。

文 / 约翰 • 贝曼

2014 年 6 月

序二

自 1983 年跟随维吉尼亚•萨提亚大师学习至今，萨提亚模式已陪伴我三十余载。学习萨提亚之前，我的状态并不好。初入香港萨提亚课堂时，我还不是很清楚她到底在做什么，但我仍一步步地跟随她及其三个徒弟（John Banmen，Maria Gomori，Jane Gerber）学习，为了救自己，帮助自己成长。慢慢地，我得以释放自我，接纳自我，并重获了多彩的生活。

我致力于将萨提亚模式引入中国大陆发展，是因为萨提亚模式已成为我生命中不可或缺的自助助人的好伙伴，它不仅能够很温柔却很敏锐地直指问题的核心，更具备自我重塑与生命关系转化的神奇力量，进入萨提亚课堂的人，都能在这一力量中重新认识自我，迈向新的人生阶段。

萨提亚是个很聪明的人，她学习了很多心理治疗的方法，观察了几千个家庭的沟通方式，并发展出了一套自己的理论体系。她认为人的一生中有两个家庭，一个是我们从小长大的家庭，有爸爸妈妈和兄弟姐妹，叫原生家庭，另一个是我们长大以后结婚成立的新家庭。一个人与其原生家庭及其成长经历之间会有难以割断的联结，将影响其一生的发展。

每个人与生俱来就对父母和世界有强烈的渴望——渴望被爱，渴望沟通。但当我们的渴望未被满足，当我们被失望、悲伤、愤怒的情感困扰时，我们是否能对自己的内在有所觉察？当我们抱怨或者发泄时，我们是否能够意识到那源于内在的不满足？我们是否有对自己所有的情绪、行为、语言负起责任，从而获得和谐一致和的生命品质？内在和谐，人际才会和睦，世界才会和平。改变永远是可能的。

萨提亚给人的改变不是谆谆教导，而是自生命深处流淌出来的关怀与肯定的能量。她希望每个人都能看到生命中的期待和感受，看到真正的自我，正如她在《尊重自己》中说的那句话：我就是我，天下之大，却没有一个人完全如我，我拥有我的幻想、我的梦想、我的希望和我的恐惧。

这套“萨提亚生命能量之书”，正是萨提亚体系的能量核心，区别于其理性分析的治疗手段，这套书更像一台让生命能量重新流动与传递的启动机，它让我们回归原始自我，找回最初的生命力量。希望它能帮助所有读者重新接纳自我，体味幸福。

文 / 蔡敏莉

2014 年 6 月

序三

和诸多热爱萨提亚治疗模式的人一样，一经接触，我就深深地被她的体系所蕴含的温暖和灵动力量吸引。虽学习萨提亚体系近十年，但此次受邀写序，我仍如初学时那般兴奋不已。

想要说清有萨提亚理念相伴的蜕变历程，不是一件容易的事。我还清楚地记得当初学习时的那份羞涩和“超理智”的经验。记得在第一次的萨提亚课堂上，治疗师用道具和角色扮演摆出来访者的创伤雕塑时，在场的每个人都被震撼了。治疗师那尖锐中充满悲悯的语言，深深地触动了我的心。我的喉咙发紧，眼睛开始潮湿，但我拼命地提醒自己，不能让眼泪掉下来。

尽管当时完全看不懂治疗师在做什么，我还是用尽脑力搜索记忆中储存的相关专业名词，试图用我顽强的理性堤坝去阻隔那即将喷发而出的感情洪流。之后，经历了一个漫长的混乱期，经过了数不清的眼泪冲刷，当笑容轻轻地在脸上绽放时，我不再纠结悲伤和喜悦哪个在智能上更深刻，哪个更高尚。

尽管我深知有许多业界前辈对一代宗师萨提亚的理论体系有着深刻的领悟和浓烈的爱，我还是乐于分享我在实践萨提亚模式中所获得的直接感悟。在治疗师和来访者的工作情境中，萨提亚强调咨询目标应以导向成长为优先考量，症状只是人们在应对成长压力时的惯性解决之道，从而打破了应该和不应该的局限，更是超越了好与坏、对于错的表面意义。她对天然力量的感应与敬仰，体现在她对“人类来自宇宙生命能量”信念的确认上。萨提亚治疗体系的任何一个理论和工具，无不沁润在这种精神之中，即将来访者的内在成长推向更加柔软、更加开放、回归自然本源的方向上。

读萨提亚的书，我能感受到她的精神中洋溢出来的温暖和肯定的力量。她独特的语言如春风化雨般，句句打开心扉，拓宽感知的触觉，精细而流畅。她宽广而又慈悲的心灵，是那样轻而易举地沁入我们心底的渴望，像是与一位等待多年的老友相逢般亲切、畅快。

此次由世界图书出版公司出版的这四本萨提亚女士的图书，将带你领略萨提亚作为天才的沟通大师的超凡直觉力，并会一步步指引你找到内心深藏的丰富资源，用来自你本质的声音唤醒你忆起“我是谁”，并将生动、完整的生命形象印刻在你的意识之中，进而创造出更加积极、坦诚、美好的生命体验。

文 / 郭晓洁

2014 年 6 月

什么是冥想

直至她离世为止，萨提亚女士一直是心理治疗——特别是家庭治疗的先驱人物和领导者之一。她认为最影响一个人的行为的，是自我价值感（自尊）的高低和沟通模式。因此，提高个人的自我价值感和改善其沟通模式，是萨提亚女士治疗方法的原则。

在萨提亚女士的治疗方法中，冥想可以说是最常用的，有时单独使用，有时则跟其他方法一起用。当然，冥想并不是她独创的方法，无论在东方或是西方的宗教里，都有冥想的传统，所不同的是，宗教领域的冥想往往是一种通往宇宙至高者或是达至超凡脱俗的途径，而萨提亚女士却使用它来帮助个人提高自我价值和沟通模式。

她的冥想内容通常包括两方面：一是引导冥想者联结自己的能力和内在资源，从而体会到自己拥有足够的力量去面对各种困难并做出抉择；二是引导冥想者察觉自己每一刻的状态，即与外界环境互动所产生的反应，包括情绪和思想。而这正是我们常常忽略的。一说到“沟通”，我们往往指的是个人与他人的接触，却忘记了与自己的接触也是沟通的一部分。冥想便是学习自我沟通的方法。

萨提亚女士在主持课程或做团体治疗时，都会在每天的开始和结束时带领一段冥想。本书最初于 1985 年在美国出版，由萨提亚女士的两位同事 John Banmen 和 Jane Gerber 从她数百小时的录音带中整理而成。

本书可以在个人冥想时使用，也可以在团体中使用。读者冥想之前，可把书中的某一篇细读数遍，再慢慢冥想。冥想之前不必要求每一个字都记住，只要能掌握大意便可。也可以事先将之录于录音带中，于冥想时播放。冥想的时间可选择早上、晚上或任何个人觉得适合的时候。当然，在团体中使用本书最佳，可由一人读出其中某篇，其他人则冥想。更可以伴以音乐，冥想后亦可写下心得。

无论如何，这本书一定可以带给读者无限的启发，引导他进入一个新的领域。

文 / 区泽光，林沈明莹

自序

我因 *Meditations and Inspirations* 中译本即将面世感到兴奋。在历史上，中国人倡导并实践沉思冥想已有多个世纪。我期望这本书在中国读者原有的思想之上仍有所帮助。

我发现在开始任何工作之前，做一个简短的沉思冥想，不论对个人或是团体，都会起到稳定情绪、集中精力、激励精神的巨大作用。

愿读者在未来的日子里，享用此书。

维吉尼亚·萨提亚写于 1988 年

目　录

选择

互握双手，

感觉体内气脉运行，

与它联结。

在这大自然的生命力量中，安稳地处于自己熟悉的位置。

轻轻地把两手分开放在腿上。

舒畅地呼吸，静静地对自己说：

“我是由一股神奇的力量形成的生命。

我能看，

能听，

能感觉，

能嗅闻，

能触摸，

能走动，

能表达，

能选择。”

你是完全的

请觉察你的身体，

虽然它的每一部分都可以被单独谈论，

但它们都不能单独地活着。

当你逐渐认识到

你身上的这些不同部分

是如何美妙地结合成一体，

你会感受到真实无比的活力和振奋。

哪些部分你曾经抵制？

哪些部分曾经沉睡？

哪些部分你曾经觉得难于驾驭或被忽视？

哪些部分你毫无保留地接受了，

却把它作为你唯一的部分？

只要你注意，

每一个人都会发现自己是

独一无二的。

但是，

人与人之间也会

有某些相似。

觉察你的身体，

想象你是一首交响乐曲，

是一件艺术极品，

这多么令人陶醉呀！

你是独一无二的，

你不同于任何人，

但你同大家仍出于同一道彩虹。

学习前的准备

现在请开始注意呼吸。调整一下姿势，令身体感觉到更舒适。准备好自己，邀请你的身体吸入新的经验和新的启示。让自己开放、放松。告诉自己，不论看到和听到什么，都请先去尝试，如果内在的声音说它是适合的，那就吸收它。

此刻，你可否允许自己，回想过往生活里的成就？你知道，你的前程在等着你去增添色彩。你能否让自己醒觉，看到每个人都如此多姿多彩，共处这一宇宙行星之上，相互学习？

虽然我们的要求很多，但我们仍可以学着做一个快乐、请爱你自己。
因为你是
这宇宙里的一分子。

欣赏的讯息

合上眼睛，将注意力集中。

感受自己的呼吸

是否柔和舒畅。

如果感到身体有某处紧张，

请让这紧张随着你的呼气散去。

感觉一份支持你的力量，

给自己一个自我欣赏的讯息。

你充满了生命力，

它表现于

你不断的成长、不懈的奋斗、不畏的取舍，

以及不停的充盈之中。

凡事皆可尝试，

但只接受适合你的。

进入宁静的状态，

集中精神，准备就绪。

成就

尽量放松自己，但保持着觉察。试着去领悟自离开母体后自己所经历过的路程，有的宽阔平坦，有的狭隘崎岖。你经历过的就是你的成就。若你充分领悟到这些，你会渐渐地找到它的证据。

现在，开始留心你曾学到的东西，有的对你非常有益，有的对你可能是一种阻碍，还有一些可能是你所需要但还未真正学到的。

把两手放在一起。去认识我们所有的人都出于同一个生命力，充满潜能，它协助我们发展成为完整的自己。我们都能与他人联结，这种联结使我们的生命更丰富了，也同时丰富了他们的。此时，我们需向我们的真实表示敬意。请善用我们的资源，处理在生命旅程上遇到的各种问题。感受流动中的生命力……

请认识到你可以自己决定自己的事，你是自己行为的资源：你的经验、你的信心、你的希望、你的热忱、你的犹疑、你的顾虑以及你那激昂的真情……除了你，没有其他的东西能为你的选择负责。

与你自己以及身体内流动的生命力交谈片刻。容许自己在一个新的空间里展开。明白你能为自己需要什么和不需要什么做好决定。

然后，慢慢地睁开眼睛。

真我

我要记住

我就是我，

在这世界上

没有一个人完全

像我。

我应允我自己带着爱，

来发现自己和做自己。

我珍视自己，

我可以看见自己

在一个心仪的珍贵器具里。

我爱自己，

我欣赏自己，

我觉得自己是有价值的。

择善固之

请将你美丽的眼睛合上。

看！你的眼睑就这样轻易地完成了你的要求！

如果你愿意的话，请用类似的方法去联结全身的各部分。请把注意力集中于呼吸上。呼吸只依意识调节，没有别人可以控制它。

当你注意呼吸，你或许会感受到新鲜的空气注入了全身，从而更加充实了你……

也许此刻你可以提醒自己，在感受到压力时，不管是否有眼泪，都别忘记去联结自己的呼吸。呼吸会滋养你的身体，也同时让你联结到你的人性及灵性。

当你还闭着眼睛的时候，醒悟你个人生命的重要性，以及我们人类共有的生命力。

意识那永存的生命力量，它不决定我们的命运，是我们自己来决定它。

当我们还是孩子的时候，周围的人是我们主要的导师。

我们继续学习之后，或会发觉以前学过的东西，如今有的已不再适宜。

我们可以感谢我们的老师，因为他们曾教导了我们，但我们仍需继续向前，放下不再适宜的，学习所需要的。

我们拥有无限的希望，但要是我们封闭了新事物的进入通道，或是忘记了曾经走过的征途，我们拥有的希望就会受到限制。

感觉一份支持你的力量，
给自己一个自我欣赏的讯息，
让自己意识到这个奇迹。

呼吸

请注意你的呼吸。意识你的呼吸是连续不断的。意识你吸进的空气中有充足的氧气，这正是你所需要的，它将养分提供给你。也许此刻，你同时可以感受到身体与呼吸联结的方式。

它有没有在你的胸中停留？它可到达了你的腹部？你有没有觉得它走遍了你全身的每一个部分？

如果你感受到你的呼吸在胸部停滞，请轻轻地给它一个亲切而充满爱的讯息，鼓励它在你的身体里继续前行。

当你注意呼吸的时候，请同时注意你的呼吸、身体所汲入的营养，以及你的心跳是否在亲密地互相联结。觉察你的生命是怎样在你体内流动的……你又是如何令你内在的生命更加和谐、充沛和丰富的。现在请联结你还没注意到的身体其他部分，譬如你的手指尖，或者你的脚趾。

再次注意你的呼吸。当你呼吸时，你愿不愿意对自己这样说："我用吸进的养分来养育美丽的自己。我为我是珍贵的而感到荣幸。我允许我自己成为一个完整的人。我对我喜爱的和实现的生活目标负责。当我吸气的时候，我体验到我内心深处增强了爱人的能力、与人建立关系的能力、与人真实相处的能力，以及表达'是'或'否'的能力。"

生活在美梦里

感受自己作为一个宇宙的孩子的滋味。你只要与宇宙联结，便会知晓你生命所需的全部滋养品都是由它供给的。首先请走进你自己的内心深处，那里有个宝库，是属于你的。去注意你所拥有的宝库，也注意宝库里还需要些什么，并允许你自己添补。

美梦和希望是一起的。两者都有机会实现。你可以使用你那支无敌的愿望仙棒的力量，来实现你的美梦与希望。

想象那支愿望仙棒在你手中，它赋予你力量，挥去你对冒险的恐惧。将你的决心交给仙棒，来让自己克服困难，进入一个新的世界，创造出自己所需要的。这枝仙棒，给你力量，令你超越禁忌，看见新领域。

在这里我们停一停，看一看你创造的那支愿望仙棒。去感受它的特质，欣赏它的形状。它是你的，在你未来的生命里，你可以采用任何适合的方法使用它。

用这支仙棒来迎接每一天的开始吧。

新的一天

新的一天开始了。

它可能会带给你许多

你预料不到的东西，

这些东西尚不能说是好是坏，

因为这一天还没有过完。

请容许你自己

充分吸收

这一天带所来的一切。

允许你自己

只选取那些

适合你的。

为你那拣选的本领感到骄傲，

别为了丢弃那些不适合你的而觉得损失。

你可以发觉到

这种智慧，

是我们爱自己的方式之一。

美梦和希望是一起的，
两者都有机会实现。
你可以创造出你所需要的生命。

生活的你

意识到你有足够的活力供你使用。

这活力来自大地的中心，

它通过你的脚、腿，

令你安稳地站立在地上。

想象一种你喜欢的颜色，

把它加在你的活力上，

观看它的移动，

看它形成许多美丽的圆弧在空中纷飞。

也请与来自天上的活力保持联结，

它由上而下穿过你的头顶，

为你带来了灵感、想象力和洞察力。

这来自天上和地下的活力汇集，

它们互相滋养着，

创造了另一个活力，

这一活力把你与别人联结在一起。

关注这一活力，

它经由你的双臂和两手向外延伸。

当你与别人拥抱时，

你便和它联结在一起。

观看它的颜色。

现在，观看这三种活力及它们的颜色，

它们有时互相掩盖，

有时变幻出新的色彩。

它们永不消失，且源源不绝。

感知你自己，你本身就是一个奇迹。

在这世界上，

没有一个丝毫不差的人与你一样。

请走进你内心的深处，

那里有个属于你的宝库，

当你亲切地、温柔地，且兴奋地走近它时，

你就看到了你的资源。

你能

看、听、嗅、尝、触摸、感觉、思考、

走动和选择。

看着你现在已经拥有的和正期望的，

只要允许你自己

尝试一切你所遇到的，

但只吸收适合你的，

你便可能实现你的愿望。

脚踏实地

走进自己的内心深处，

找寻属于你的宝藏。

查看这宝藏，

珍视这资源，

它们是取之不尽用之不竭的，

这一切是你所拥有的。

你能看，

能思考，

能听，

能感觉，

能尝，

能嗅闻，

能选择，

能走动，

能分辨。

分辨是一种能力，

放下你曾有过

如今已不再适合你的，

并看清楚

什么是适合的。

此刻对自己说：

“我是有能力的，

我可以做到。

通过自己的脚踏实地，

通过来自天上的活力，

以及与人接触，

我充满力量。

我是有能力的。”

请走进你内心的深处，
那里有个属于你的宝库。
当你亲切地、温柔地，且兴奋地走近它时，
你便看到了你的资源。

在你面前的门

请再次注意你的呼吸。体会你是珍贵的。你珍惜自己不只因为你是你，也因你是宇宙间宇宙规律的承载者。我们不能创造自己，但我们能与创造者合作来善待自己。

这一刻，你的心境是清澈的，身体是舒畅的。我希望你发觉你已经处在一个令自己十分舒适的时间和地点之中了……此时，你感觉到与周围的环境相和谐，要是有其他人在你左右，你们也是和谐的，其他的花草树木、高山流水，也都与你和谐一致……你觉得舒服极了，看起来每样事物都是那么的和谐。现在，我希望你允许自己深入此地，再度体会你的感觉，欣赏你的周围，留住这一刻你的意念——把这些从头再体验一次。然后，去感受阳光的温暖、微风的柔和、树叶彼此拍打的音韵，以及周围色彩的美丽。这一切的一切，都是你所熟悉的。

虽然这些早就在你的生命中存在了，但有一个特别的东西，直到今天的这一刻你才注意到，那是一扇门。这扇门吸引了你，于是你接受了它的邀请，温和而坚定地向它走去。你伸手在口袋里摸出了一把闪闪发光的金钥匙。当走近这扇门的时候，你停了一会儿，仔细端详着它。这扇门的把手正好装在适当的位置，门的高度也刚好可以让你轻松地走过去。你把钥匙插进匙孔，它们刚好吻合。你略微一转，门就开了。

当你走进去，呈现在你眼前的，虽然令你惊奇，但你并不愕然。几步路的功夫，你便进了一个房间，里面的色彩是你喜欢的，布置也正合你的心意，就连光线都恰到好处。房间里正播放着你最喜爱的音乐。你停下来，陶醉在这美丽的环境里，赞叹一切是如此的美妙和自然。每一件事物都正如你喜欢的那样。你的眼里闪出了一道爱自己和爱别人的光芒。你因成为这世界的一部分而感到兴奋。

现在，你的视线转向一个书架，上面的书籍井然有序而令你向往。其中有一本书看起来很特别，它吸引了你的注意。它的封面设计与印刷正是你喜欢的。你把它从书架上取下来，这上面竟然还印了你的名字！这一刹那，你既感到意外，又觉得是自然的。

你翻开书的第一页，上面写着“我的书”三个字。在书的第二页是这样写的：“从前在 XX（你的出生地），诞生了 XX（你的名字）。”它继续描述着你生命中所发生过的各个事件。你继续翻看着，上面记录着你过往的生活经历，包括你的努力、奋斗、欢乐、成就、期望以及恐惧。

在有字的最后一页，写着今天的日子。之后的书页，都是空白的。在空白的首页，印着一个标题，它写着：“过往的学习是日后生命的基础。”此时你明白了，曾经的过往已然成为日后生活的准备。

你拿起一支颜色和大小完全合你心意的笔来。带着爱意与关怀，开始记录你这一刻所有的思想和行动。也许你从来没有这么清楚地用这种方式记录过。

这本书，除了你，永远不会有其他人打开。

虽然只写了一小段，但这可是你第一次这样自觉地写它。你可以答应自己，不管什么时候，只要你愿意，都可以来写。你不是被迫，而是自愿来描绘你那丰富的经历的。这本美丽的书，是完全属于你的。

感受你自己的珍贵，全身心感受这份舒畅、这份喜悦。

你轻轻地合上这本书，放回原处。你知道不论什么时候，你都可以再读。

你转过身，停下来欣赏你喜欢的音乐。然后温柔地、兴奋地、活力充沛地走过那华丽的地毯，走回门口。锁上门，把金钥匙放回你的口袋，重新回到你熟悉的地方。

你很清楚，这把金钥匙是你的了，你永远不会失去它。

你从容自在地回到了一个新的现在，来到这个房间、这个地方。这一刻，让你的意识回来，意识到自己坐在椅子上。如果你喜欢，就慢慢地睁开眼睛；如果你想发出一些声音，只管去做；如果你的身体想跟着这个正播放的音乐舞动，也只管自由地舞动。

刚才

从现在开始

体会刚过去的那一刻。

回顾你所成就的。

每一刻都属于你。

允许你自己

创造你所需要而尚未拥有的。

依靠你的资源。

也允许自己

冒险尝试新的。

让自己

一天一天地，一个星期一个星期地，一个月一个月地

成为整合过程中的一部分。

一步一步进入这个过程里。

这可以称之为学习，或成长，或欣喜。

与此同时，

借由你这美好的身躯

愉悦地显示出你的生命力量。

请再次注意你的呼吸。
体会你是珍贵的，
你是独一无二的。

新的可能性

请给你的身体一个充满爱意及赞赏的讯息。

对我们来说：我们有很多的部分

它虽然存在，却没有机会表现，

它虽然存在，却没有被我们注意，

它虽然存在，却一直被掩盖着……

所以，不管我们的心境与环境如何，

我们向前走的道路，

其实是可以伴随着一个值得回味的惊喜的。

虽然路上有时会痛苦，

有时又兴奋，

但对我们而言，

必定还有许多新的可能性。

你感觉到了什么

想象你戴上了一顶帽子，

上面写着：

“我就是我，

我是完整的，

我是可爱的，

我可以学习，

我可以变得更好。”

你感觉到了什么？

你是独一无二的，

你有某些地方与他人相同，

又有某些地方与他人不同。

你感觉到了什么？

请聆听你的内心深处，

把你的手放在丹田，

这就是完全的你。

不要忘记

你源自两个人的结合。

你感觉到了什么？

你能够应用源自他们两个人的东西，

你还能够增加你所需要的。

这个过程，

在你未来的生命中

将进行不息。

你感觉到了什么？

请让你的身体吸入充足的空气，

使你更觉知、安稳、充满灵性，并与他人联结。

这些永远都属于你。

多美好的感觉啊！

结合

轻柔地闭上眼睛，温柔地去注意你身体的各部分，例如手臂的各个部分、手指、手掌，以及你的脖颈。只管去体验。请注意你正在体验的那个部分是微微湿润的，还是干爽的，是坚实的，或是柔软的，或是任何其他的状态。只是允许自己去体验。

在体验的同时，请注意这一刻的思想或感觉，它们可能正在你的脑海或肠胃内跳跃。现在，让你的注意深入皮肤之下。感觉你可以触及你流动的血液，甚至肌肉的活动。仿佛你在与你身体里蕴藏的各种能力相联结：活动的能力、支撑的能力、坚持的能力、享受快乐的能力。当你体验这些的时候，请注意你有什么思想或感觉。

轻柔地注意你的脉搏，或在指尖，或在手腕，然后注意你的心跳。当你注意到你的心跳时，试着感受它跳动的节拍。当你肯定这感觉到的节拍时，试着使你的呼吸与心跳节拍相一致。用这种节奏呼吸几次。在你注意你的呼吸及心跳时，同时注意你此时的感受。

你是否能让自己意识到你的身体正在支撑着自己？通常你都是用你的臂部、你的背脊或你的双脚来支撑自己。现在你正支撑着自己，与自己联结。你能意识到这时的你感觉到了什么吗？你也要意识到，任何时候你都可以用这种方式去联结自己的感受。你不需要别人替你去做，你可以时时刻刻地支持自己。

轻柔地、慢慢地分开两手，托住你的下巴。使你的手心贴着下巴，手指轻捧着两腮。让自己依靠自己。请你意识到你自己的手正在支持着你。你有着这么有力的支持，有着这么美好的联结，你又感觉到了什么？请让你的手承受所有的重量，看看你的手是否真的可以托得起你的头部。再次注意你的呼吸。你能支持自己。你能联结自己。你能滋养自己。

轻柔地、慢慢地伸手触及你的皮肤。这是一种相遇、一种接触，不论你触及的是你的嘴唇或是前额，请触及那一部分的皮肤。你也可以找一个适当的机会，用这个方式去触摸你的全身。

轻柔地、慢慢地让你的手停在身体的任何一部分上。

在这时候，请允许你自己有这样的思想："我正与我的感觉和本质联结。我最宝贵的财产是我的。我可以爱它，可以指引它，可以改进它，可以听见它，可以看见它，我可以改变它，也可以拥有它。它是世界上我唯一真正完全拥有的。我随时随地可以用它。我永远不会失去它。"当这些思想流进了你的意识，请注意你的感觉，看看你感觉到了什么。

让自己

一天一天，一个星期一个星期，一个月一个月地，

学习，或成长，或欣喜。

你是宝藏

感受你自己是一个宝藏。

你是一个奇迹，

不只因为你是你，

而是因为

你是宇宙间

宇宙规律的一个明证。

我们不能自我创造。

我们只是与造物者合作。

请爱你自己，

因为你是

这宇宙里的

一分子。

活用你的身体

让你自己体会你的呼吸。

意识你正在为自己

吸收富有营养的东西。

依从你的意愿、

你的指示、

你的生理规律，

运用

布满了你全身的、

成千上万的、

美妙的微管通道。

让你的呼吸

充盈你的身体。

你的指挥塔

请让你自己意识这个奇迹：只要你想，你就可以合上你那美丽的眼睑。你可否与身上的其他部分，也有这么亲密的关系？现在请注意你自己的呼吸，就只注意你的呼吸，感受空气的进入，同时也感受呼吸带来的氧气，它有助于身体的健康……感觉一下身体各部分的奇妙设计，它们能够帮助氧气通达全身。也许今天你可以给它们一些温柔的鼓励，感谢它们。要是在这个过程中，你感觉到身体的某一部分有些微阻塞，请接受它，放松它，也感谢它。因为它用不舒服的感觉，来提醒你注意它。

现在，感觉此刻意念集中于自身。感觉你自己坐在椅子上，脚踏在地下，身靠着椅背。接着将自己是中心的感受予以伸展，由这房间伸展至整座建筑中，再到城市，到乡村，以至全国、亚洲、东半球，再跨越海洋，伸展至欧美，以及地球上的所有国家。当你向外伸展的时候，你仍然在这里，请集中意念于自身，感受你在宇宙的中心。当你这样做的时候，让自己意识到，我们都是生命力的显露。

请设想我们是太空人米歇尔。当他在太空漫游的时候，他的拇指可以遮住整个地球。他说，那一刻他明白了，所有生命都是一样的。他也明白了，我们居住的地球是如此渺小、脆弱，可是它仍象征着宇宙。米歇尔从另一个角度看到了地球，他同时醒悟到，在某一空间里（就好像现在这样）你仅能意识到自己周围的环境，而轻易地忽略另一个角度的观察。我将这称为“外太空的角度”，或是“机场指挥塔位置”。从那里我们可以见到全貌，同时意识到它的独特，我们也就明白了，人都是相同的，只是各有独特性罢了。

不管我们的心境或环境如何，
我们向前走的道路，
常常是一个值得回味的惊喜。

活力与自由

活力支撑着

人类的灵魂

迈向自由。

自由乃与生俱来，

它的显露

便是完美。

共处

尽你所能地保持觉察，

觉察这一刻与你共处的人，

保持这份与他们共处的意识。

请觉察这些人让你

有了什么思想、

什么感受、

什么联想？

请注意这份觉察

它与我们对家庭的看法有什么关系？

这份觉察

又与我们领略“完全人性化”有什么关系？

请与这份觉察相联结，

因为它是你学习的资源。

共享

闭上眼睛。

注意你的呼吸，

让你的身体放松，意识清醒。

慢慢地与坐在你左右的人互相拉手，

感受彼此的活力流动，

去联结三个人的生命力量，

感受这川流不息的力量。

你是这团体里的一分子。

你被人爱着，

你是可爱的，

你是这宇宙的重要一员。

新的现在

我们对过去经验的解释

常常影响我们面对现在。

“现在”的意思是尊重此刻，

不再活在过去的阴影之下。

你此刻的经验

很快就会变成你的历史，

成为新的现在及未来的根基。

尽你所能地保持觉察，
觉察这一刻与你共处的人，
保持这份与他们共处的意识。

自由的河

要是你觉得自己身体的某部分不舒服，请随着呼气把这份不舒服呼出去。意识你的活力来自天上，来自地心，来自你接触的人群。感受这几份活力在你身体里汇合。再次注意你的呼吸。可否请你提醒你自己，时时注意你的呼吸。

现在，揭开你储藏记忆的部分。当你与那个部分联结上，请回想：在你的生命中，什么时候开始有了人生的第一次体验？你的记忆是何时开始的？试试看你是否可唤起当时的感觉。记住它们，再次感受它们。然后请继续回忆。

请回想一下，你是从什么时候开始追寻此生你想要的？

当你参与建立自己周围的环境时，感觉到了什么？对你而言，那份感觉像什么？如果那时你有过迷惘，也许你现在可以再感受一下。但不要勉强，顺其自然就好。或者你可以停在这里，请你的记忆帮助你回想，在过去的生命中你曾有过的期望。特别想一下，那时你曾要求过什么？然后继续回忆最近发生的事。

你可曾觉察到，你所期望的和你已得到的，两者之间有什么联系？不妨自己想一想。在尝试达到自己期望的过程里，有没有你意料之外的事情发生？有没有你感兴趣的事情发生？有没有吸引你的事情发生？它们可曾增添了你的智慧和生命力量？

到此为止，有没有什么问题或什么事情令你仍感困惑？当你此刻想到它们，可能有些线索出现，使你能够找到一些联系。请允许自己问一些问题，它们可能有助于你找到线索，得到联系。也许，这一刻，你可以想象一幅图画：

在你的右边，有许多经验的片段，它们看起来互相关联；

在你的左边，另有一些片段，它们看起来互相吻合；想象在你的左边与右边之间，可能有一些线索。你所想到的这些问题，可能就是一条通道，它能将你左右两边的片段连接起来。

现在，像平常一样呼吸。均匀地、舒畅地呼吸，让你的身体、心灵去感受正在进行的一切。在你身体的某处，会有一个你自我欣赏的按钮所在，请轻轻地按一下它，看它会给你送上什么音乐。当你按下自我欣赏的按钮的同时，轻轻地告诉自己："我欣赏我自己。"现在，你有什么感觉？

注意你的呼吸，感觉它是均匀而舒畅的，请察觉此刻你的身体是否有任何反应：是否有些部分放松了，有些部分紧张了，有些部分变得湿润了，有些部分变得干燥了，或是其他感觉。这些只是你在这一刻的反应。这不是疾病的征兆，只是一种自然的回应。它来自你的思想、你的感受、你的记忆、你的身体、你的自我价值，以及你的自我欣赏。

当你均匀且舒畅地呼吸时，感受一下你内在的满足。意识到自己是独一无二的。在某些方面你与其他人一样，但在很多、很多方面又与别人不同。这些加起来，使你成为独一无二的。世界上没有另一个和你完全一样的人。

此刻，你已经发现自己与他人有什么不同，有什么相似，请你把这个意识留住。也请你觉察一下，你曾如何努力地与他人联结，当你再度品尝这份努力所得到的成功时，有什么滋味？回想这些经历中的高潮与低谷，再次注意你的呼吸，与你在这一刻的感受相联结。请柔和地呼吸，允许自己领悟到，我们常用过去的经历来解释现在。但是所谓“现在”的真正意义，是用“现在”的眼光来看现在，要与“过去”分开，不受“过去”的阴影左右。

假如你有一丝困惑，因为在你的经验中曾失落了某些片段，而你想与之有所联结，而且此刻的你已经可以允许自己再次与这些事情相联结，使那些经验拼出一幅完整的图画了。那么也请你了解，“完整”与“完结”是不一样的。使一个经验“完整”的方法之一便是承认它的不完整。有些事情需要很长时间才能“完整”。

再一次，注意一下你的呼吸，均匀而舒畅地呼吸。请把你的双手放在丹田前面，形成杯状。当你这样做的时候，感觉你的双手正在给予。感觉一下，这时候你的身体有什么反应。你现在感受到了什么？

现在，再让你的双手形成杯状，并将之带到你的身前，感觉自己更加丰盈。这是一种给予、接受、伸展、释放、增添的过程。在你余下的生命里，这些都会持续不断地进行下去。现在看一看，你的肩膀是不是放松的？用几秒钟的时间，试着注意你呼吸的韵律。在这一刻，注意一下你心里的感受。

请你把右手放在左手的手腕上，或把左手放在右手的手腕上。现在，注意你的心跳，感受一下你血液的循环，这是你的生命力的第一个证据，是你身体的一个美丽奇迹。这些奇迹在你生命的其他地方也存在着，比如你的心灵、你的情绪、你的知觉、你跟他人的接触、你周围的环境和你生命的源头。

让自己知道，不论什么时候，在什么情况之下，你都可以和自己的生命力相联结。你只需要记得这样做，你就随时可以让自己跟全宇宙联结起来。

现在，用一点点时间，使你呼吸的韵律和你的心跳相契合。再次感受你生命力的存在。也再次感受一下支持你的力量，如你的脚、你的背、你的臀部，你可以选择身体的任何一部分，去感受那份支持。

当你准备好的时候，让我们结束这一段体验。记住你力量的所在，这份力量就是你自己，就是你的自我价值，你的能力选择与之联结。请把手放在你觉得舒服的地方，让自己完全放松下来。

再会

请把注意力完全集中在你的呼吸上。觉察你正在从呼吸中吸取养分。也许在今天，你比过去任何一个时刻都更能意识到，你并没有发明呼吸，也没有发明吸入空气的系统，你所做的，只是控制呼吸的速度、吸气与呼气的分量，以及指示呼吸的动向。对你来说，这是一份很大的礼物，你是司令。空气跟呼吸系统都已存在，你只需要把它们联结在一起。

跟上面的隐喻一样：爱同样存在于我们的周遭，你有爱的能力，有运用及经历爱的系统，你只需要把它们联结在一起。

同样，力量也存在于我们周围。你有很多方式去支配你的力量，你只需要把你的力量与各种如何使用它的方法合而为一。

你的自我价值也是如此。每个人都有自己的价值，你有你的系统、你的方式，来使你的自我价值得以存在。你所需要做的，只是把你的自我价值与你的指示、你对事物的处理方式联结在一起。

其他很多事情都是如此。是你把你的生命力，与你美丽的身体、心灵、头脑联结在一起的。你会不会觉得，假如要你同时创造所有的力量，以及它们的使用方式，会超乎你的能力范围之外？所幸的是，你只需要去运用它们，而不是创造它们。你只要继续注意如何运用它就好。也许这并不是什么了不起的事，但对我们中的一些人来说，这可能要花上一辈子的时间来学习。

请再一次注意你的呼吸，提醒自己，你存在这个地球上是千真万确的事实。你是由地心所传来的力量的中枢，所有你需要做的，只是去意识到这股力量永远都在你这里。这份由地心传来的力量将通过你的脚、你的腿流入你的身体，使你有能力靠自己站起来。另有一股力量从天上而来，它来自你的神或者大自然，它是一直都在那里的，它经由你的头、你的脸、你的脖子、你的手臂，流入你的身体，跟来自地心的力量互相融合，互相支持。这从天上传来的力量，使你有灵感、有知觉，使你和所有的生命合一。请接受这两股美丽的力量，它们使你既有灵感，又可以脚踏实地。它们一起创造出了第三股力量，这第三股力量使你有能力与他人相接触，相联结。

请让你自己去联结心灵最美丽、最深层的地方，在那里你会发现有很多资源可以被你运用，这包括使用灵感的力量、与人接触的力量，以及脚踏实地地站立起来的力量。这使你有能力看清事物——不只是用你肉体的眼睛，而且用你心灵的眼睛。这使你有能力听到声音，听到字句、音乐、笑声，甚至哭声背后的痛苦——除了用肉体的耳朵，也用心灵上的耳朵聆听。这也使你有能力去感受，通过触觉、味觉、嗅觉，以及心灵上的各种知觉。同样，这使你有能力去运用你的左脑，有能力说出美妙的语言，有能力去运算、分析和推理。你也可以使用你的右脑，它会带你去感受各种情感，包括你的欢乐或苦楚。

你是一个实实在在的宝库，在每天的二十四小时中，不停孕育出创造性的意念。它们有些是有用的，有些也许是不明智的，但你可以选择，你可以从所创造的材料中，选出你现在想运用的。这是不是很奇妙？

你也有活动的能力，你的身体有二百零六块骨头，它们联结着许多肌肉组织，你可以让它们活动起来。这是多美妙的资源！你的身体里还有更多美妙的系统，如血液循环系统、呼吸系统、体温调节系统，以及中央神经系统和自律神经系统。

你满载各种无价珍宝，它们帮助你活动，也帮助你醒觉。活动就意味着有生命，而你既然能活动，便拥有生命。

你有能力从昨天的经历中挑选出有益于今天的。你明白你可以将昨天承受的但已不适合于今天的内容予以保留或改造。你可以感谢它，因为今天的你大部分是由它创造的。但也请你接受下面的话：若继续走过去的路，势必将付出更高的代价。现在，你再看看自己现在所拥有的，然后开始往前看，并意识到你已经具备面对未来所需要的各种资源。

请提醒你自己：你有一把金钥匙，可以为你打开通往最神圣之处的门。那里的色调是你最喜爱的，构图是你最欣赏的，那里也有你最喜欢的书籍和音乐。

别忘了你的愿望棒，就是那根闪闪发光的金棒，它赋予了你去实现愿望的能力，使你有勇气表达。愿望若没有被表达出来，就不会被实现。唯有你将愿望表达出来，它才可能变为现实。若你愿意邀请别人参与完成你的愿望，那它实现的可能性就会更大。别忘了运用你的愿望棒来增添勇气去面对恐惧，请与你的感受和思想相联结。

我们再来认识一下你的护身镜。想象在一块手工精巧的链锤上，一面刻着“好”，另一面刻着“不好”。让这面护身镜告诉你说“好！这适合你。”或者“不好，现在并不适合。”这些“好”或“不好”将使你与自己保持每一刻的联结。请记住，一切均视适合与否而定，“现在不适合的，将来也许适合。”但重要的是，在这一刻它适合吗？

现在你配备了你的金钥匙、你的愿望棒、你的护身镜。

你配备了你的能力，你可以随时去察觉和指挥你的呼吸，与你的身体联结。

你配备了你的关怀和爱心，即情感的你和理智的你。

你配备了与人沟通的能力，也就是使你与别人相联结的那部分。

你配备了你的感官，它可以使一切不完整变为完整。

你配备了滋养自身的能力，它掌管你所吸收的一切。

你配备了与环境接触的能力，也就是你与外界声、光、空气、温度、时间和颜色之间的联结。

你也配备了灵性，它把你与全宇宙联结在一起，其中蕴藏着你可以变得更豁达的能力。

你的命运并非是有限的。而且与此相反，你有能力和活力去成就一幅人的图画、一个美丽的自我。

当我现在与你告别时，我是带着眼泪离去的——那是喜爱的泪水，为我曾与你有这段共处的时间而流。我从地平线上看到更多爱、更多彼此的关怀、更多真诚的合作，而我要感谢你曾如此与我一起。现在，当你准备好了，请向我们曾有过的生命说声“再见”，并对未来道声“欢迎你”。

再见，请你珍重！